Kannst du die Wörter richtig zusammensetzen? Schreibe
die neuen Wörter auf. Achtung: An einer Stelle musst du
einen Buchstaben einsetzen.

 + Fahrt   Mondfal

 + Raum   Ertraum

 + Straße   Milchstraße

 + Zeichen   Sternzeichen

 + Wolke   Gewitterwolke

 + Richtung   Windrichtung

 + Bogen   Regenbogen

 Ich habe ein **s** eingesetzt. **E**
Ich habe ein **x** eingesetzt. **A**

Trage den Lösungsbuchstaben
auf der Detektivseite ein.

9

Unruhe im Klassenzimmer

In dem Moment eilt die Lehrerin herein.

„Guten Morgen!", ruft sie und klatscht in die Hände.

Aber die Schüler sind so aufgekratzt,

dass sie Frau Schulte gar nicht bemerken.

„Das UFO im Fernsehen hat doch auch

Lichtzeichen auf die Erde gesendet", ruft Robbi.

„Und jetzt flackert im Klassenzimmer das Licht!"

„Die Aliens schicken uns eine Botschaft!",

ruft Sonja entsetzt.

Was tun die Aliens in ihrem UFO?

Wörter, die beschreiben, was man tut, sind Tunwörter oder Verben. Sie werden kleingeschrieben.

TRINKEN ✓

MONSTER

UFO

ESSEN ✓

HIMMEL

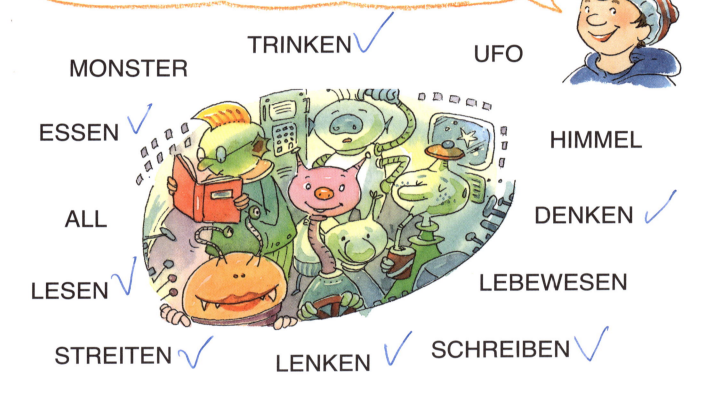

ALL

DENKEN ✓

LESEN ✓

LEBEWESEN

STREITEN ✓

LENKEN ✓

SCHREIBEN ✓

Schreibe alle Tunwörter auf die Linien.

tringen lesen essen schreiben
lenken denken streiten

Wie viele Tunwörter hast du gefunden?

9 **W**   7 **L**

Trage den Lösungsbuchstaben
auf der Detektivseite ein.

„Was erzählt ihr denn da für einen Unsinn?",

fragt Frau Schulte. „Ihr dürft nicht alles glauben,

was ihr im Fernsehen seht."

„Aber es gibt Außerirdische!", behauptet Sonja fest.

„Das haben in der Sendung fünf Menschen gesagt."

„Also ich glaube erst an Aliens und UFOs,

wenn ich sie selbst sehe. Und jetzt Ruhe!",

ruft Frau Schulte streng. „Wir wiederholen heute

die Selbstlaute."

Einige Selbstlaute sind verschwunden. Trage sie ein und
schreibe die Sätze richtig auf.

Im F_e_rns_e_h_n_n wurde eine S_e_nd_u_ng über UF_o_s
gezeigt.

Im Fernsehnn wurde eine Sendug
über UFOS,

Am nächsten T_a_g _u_nterhalt_u_n sich die Schüler über
flieg_e_nd_e_ Untert_a_ss_e_n und Aliens.

Am nächsten Tag uterhalten sich die
Schüler über fligende untertassen und
Aliens

Plötzl_i_ch fl_a_ckert im Kl_a_ssenz_i_mmer das L_i_cht.

Plötzlich flackert im Klassenzimer
das Licht,

Ob die Aliens ein_e_ B_o_tsch_a_ft s_e_nd_e_n?

Ob die Aliens eine Botschaft senden ?

Wie oft hast du o eingesetzt?

3-mal **M**   2-mal **Ä**

Trage den Lösungsbuchstaben
auf der Detektivseite ein.

Das Zeichen

„Endlich Schulschluss!", ruft Paula

und läuft die Treppenstufen zum Ausgang hinunter.

Frau Meier, die Hündin des Hausmeisters,

wartet schon auf sie. Aber heute läuft ihr Paula

nicht entgegen. Zusammen mit den anderen starrt

sie auf ein großes Zeichen, das mitten auf

den Schulhof gemalt ist.

Wo ist Frau Meier?

Die Kinder sind ganz aufgeregt und sprechen durcheinander.
Setze hinter jede Frage ein **?** und ein **!** hinter jeden Ausruf.

Die Außerirdischen sind gelandet ,

Wer sieht die Aliens ?

Das glaub ich jetzt nicht .

Wo ist das UFO ?

Hilfe ! Wir werden angegriffen 2

Wir müssen uns sofort in Sicherheit bringen .

Wo ist Frau Schulte ? Und wo ist Frau Meier ?

Wieso landen die Aliens ausgerechnet auf unserem
Schulhof ?

Wie viele Fragezeichen hast du eingesetzt?
5 **I**   6 **T**

Trage den Lösungsbuchstaben
auf der Detektivseite ein.

„**D**ie Aliens waren hier!", ruft Robbi.

„Ach, das kann doch jeder gemalt haben",

entgegnet Hannes und betrachtet den Boden.

Dann bückt er sich, fährt über das Zeichen

und zerreibt die Farbe zwischen den Fingern.

„Kreide!", ruft er. Prüfend schaut er Robbi an.

„Warst du das?"

„Nein", antwortet Robbi laut. „Was für

ein Quatsch!"

Warum verdächtigt Hannes Robbi?
Notiere es auf der Detektivseite.

Findest du die zehn versteckten Wörter? Kreise sie ein.

Ein Tipp: Sie stehen alle im Text auf der linken Seite.

```
ERIOALIENSWPOKIUZUTKSOELTX
VKLZIOEPGFÄHRTUWOCJKLDFEL
OKLOUZTGBBODENSOLTNENPÜU
LKZROMCTZEICHENSLOIKNJUWO
VKLOPÖLIBÜCKTEXRTIKWERDFTG
PÖZBEZSLOPFINGERIKMHTREOIK
RUFTÜHZCKLTIWEPÜÄÖSDRZPILÖ
KVHEOTPLÖZFARBEKLOIJKOERTJ
IORPVNEXHEGDLZERREIBTLÖPIH
DWEBMGKLOTJANTWORTETÄUIOI
```

Schreibe die Wörter auf die Linien.

Aliens   Ehr   Ruft

Zeichen   Bückt   Antwort

Boden   Finger   Farbe

Zereibt

5 Wörter werden großgeschrieben. **L**

4 Wörter werden großgeschrieben. **D**

Trage den Lösungsbuchstaben
auf der Detektivseite ein.

Verdächtige Flecken

„Du hast Kreideflecken auf deiner Hose!",

erklärt Hannes.

„Ich musste heute an die Tafel",

meint Robbi beleidigt. „Du warst doch dabei.

Und überhaupt: Warum sollte ich so ein Zeichen

auf den Schulhof malen?"

„Damit alle an UFOs und Aliens glauben",

antwortet Hannes. „So wie du."

Welches Wort passt? Trage die Wörter in die Kästchen ein.

Achtung: Ein Wort bleibt übrig.

Alle Wörter werden mit **F** oder **f** geschrieben.

Schulhof

Tafel

Fernsehen

Treppenstufen

Anflug

Raumfahrt

Flecken

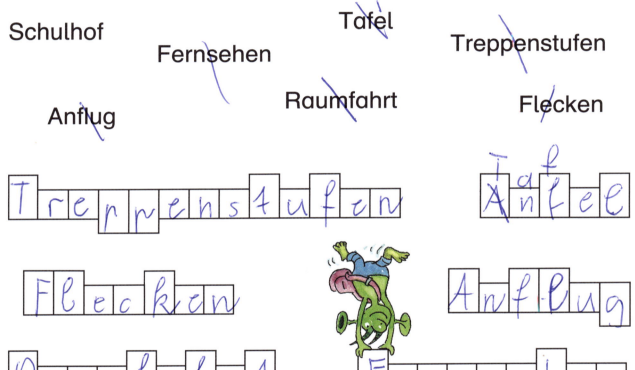

Treppenstufen

Tafel

Flecken

Anflug

Raumfahrt

Fernsehen

Welches Wort bleibt übrig?

Anflug S   Schulhof G

Trage den Lösungsbuchstaben
auf der Detektivseite ein.

19

„Vielleicht spielt uns auch jemand einen Streich,

um uns Angst einzujagen", überlegt Jo.

„Aber wer?" Paula wickelt nachdenklich

ihre rosa Haarsträhne um den Finger.

„Das finden wir bald heraus!", antwortet Jo

und blickt sich suchend nach allen Seiten um.

„Endlich ein neuer Fall für das Detektiv-Team!"

Verbformen einsetzen

Setze die passenden Verben in der richtigen Verbform ein.

wollen   spielen   berichten   überlegen   glauben   haben   entdecken   zeigen

Jemand _____ den Schülern einen Streich.

Jo _____ und _____ einen Verdacht.

Robbi und Sonja _____ an UFOs und Außerirdische.

Im Fernsehen _____ ein Reporter von

Außerirdischen und _____ zum Beweis ein Foto.

Frau Schulte _____ nicht, dass die Schüler alles
glauben, was im Fernsehen kommt.

Die Kinder _____ ein geheimnisvolles Zeichen
auf dem Schulhof.

Wie viele Wörter enden auf **t**?
5 **L**   4 **O**

Trage den Lösungsbuchstaben
auf der Detektivseite ein.

Gefahr aus dem All

Da kommt Uli mit seinem Freund Michael hinzu.

„Hallo, kleiner Bruder!", begrüßt er Robbi.

„Sieh dir das an!", ruft Michael dazwischen

und zeigt auf das Zeichen.

„Das haben Aliens gemacht!", ruft Uli. „Genau

wie sie gestern im Fernsehen gesagt haben:

Eine unbekannte Gefahr aus dem All bedroht

die Menschheit!"

Beunruhigt machen sich Jo, Paula, Hannes

und die anderen Schüler auf den Heimweg.

22

So ein Durcheinander! Bring die Buchstaben in die richtige Reihenfolge und schreibe sie auf. Ein Tipp: Alle Wörter stehen links im Text.

fehrGa

_____

rdeBru

hietMnchse

_____

lAl

serneheFen

_____

_____

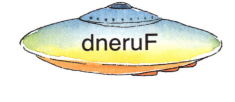

dneruF

eZchien

_____

_____

Ist in einem UFO das Wort **Alien** versteckt?

Ja C   Nein N

Trage den Lösungsbuchstaben auf der Detektivseite ein.

23

Als die Schüler am nächsten Morgen in das

Klassenzimmer kommen, schrickt Paula zurück.

Mit aufgerissenen Augen starrt sie auf das Fenster.

Dort leuchtet ein großes rotes Zeichen.

„Die Aliens waren wieder hier", flüstert Sonja.

„Sie haben uns eine Nachricht

außen auf das Fenster gemalt!", ruft Robbi.

Hannes läuft zum Fenster, macht es auf

und befühlt das Zeichen. „Fingerfarbe!",

stellt er fest.

Wo genau ist das Zeichen am Fenster?
Notiere es auf der Detektivseite.

Was genau ist passiert? Bilde aus den Wörtern innerhalb einer Reihe einen Satz und schreibe ihn auf.
Achtung: Ein Wort bleibt übrig.

Am Satzanfang werden Wörter großgeschrieben.

Klassenzimmer   das   Kinder   in   gehen   die

_____

starrt   Fenster   das   auf   Paula

_____

zum   Hannes   läuft   Fenster

_____

seinem   der   Farbe   mit   die   Finger   er   befühlt

_____

Das Wort **der** bleibt übrig. `R`
Das Wort **auf** bleibt übrig. `H`

Trage den Lösungsbuchstaben auf der Detektivseite ein.

25

Beratung

Als die Schule vorbei ist, bleiben Paula, Hannes,

Jo und Robbi am Schultor stehen und beraten sich.

„Fassen wir zusammen", überlegt Jo. „Wir haben

ein flackerndes Licht ..."

„Vielleicht hat jemand den Schlüssel

vom Hausmeister genommen und ist in den Keller

geschlichen", unterbricht ihn Hannes.

„Um dort am Elektrokasten rumzuspielen!",

meint Paula. „Damit das Licht in unserem

Klassenzimmer an- und ausgeht."

Kannst du gut kombinieren? In jeder Reihe passt ein Wort nicht zu den anderen. Streiche es durch.

Frau Alien Mann Kind

ängstlich nass mutig frech

UFO Fahrrad Flugzeug Hubschrauber

reden schwatzen malen rufen

gehen laufen schleichen flackern

Tafel Kreide Schwamm Buch

hell grün rot blau

lesen schreiben schwimmen rechnen

Das Wort **nass** ist durchgestrichen. | U |
Das Wort **schleichen** ist durchgestrichen. | F |

Trage den Lösungsbuchstaben auf der Detektivseite ein.

Klingeling! Uli fährt mit dem Fahrrad vom Schulhof.

„Hallo, kleiner Bruder!", ruft er.

„Hallo, Uli!", antwortet Robbi. „Wir haben heute

wieder ein geheimnisvolles Zeichen entdeckt!

Diesmal am Fenster."

„Ja, es war groß und leuchtend rot", ergänzt Paula.

„Die Aliens haben ein Zeichen außen an euer Fenster

geschmiert?" Uli pfeift leise durch die Zähne.

„Das klingt richtig bedrohlich!"

Dann tritt er in die Pedale und fährt weiter.

Wie viele geheimnisvolle Zeichen findest du?

Die Aliens haben viele Zeichen hinterlassen. Ersetze sie durch den richtigen Buchstaben. Verlängere die Wörter und schreibe sie richtig auf.

> Wenn du nicht sicher bist, ob der letzte Buchstabe ein **d** oder **t** ist, verlängere das Wort!

das Fahrra	die Fahrräder	das Fahrrad
der Hun		
das Kin		
das Hef		
die Han		
das Wor		
das Hem		
der Mun		
das Butterbro		
der Freun		

7 Wörter enden auf **d**. **S**
5 Wörter enden auf **d**. **B**

Trage den Lösungsbuchstaben auf der Detektivseite ein.

überführt!

Auf einmal schnippt Hannes mit den Fingern.

„Ich weiß jetzt, wer uns den Streich gespielt hat."

Jo und Paula grinsen. Sie wissen,

wen Hannes meint.

„Jemand, der uns ärgern will ...", fügt Paula hinzu.

„Und schon jemanden geärgert hat", ergänzt Jo.

Nur Robbi blickt Hannes, Jo und Paula ratlos an ...

Wer ist der Täter?

Notiere deinen Verdacht auf der Detektivseite.

Finde die passenden Wortteile und schreibe das ganze Wort auf.

Klas	len	Klasse
kom	se	_____
Schlüs	ren	_____
wol	men	_____
star	pe	_____
Trep	ler	_____
Kel	se	_____
Untertas	sel	_____
wis	nen	_____
Him	mel	_____
Wet	sen	_____
ren	te	_____

Die Wörter haben alle einen doppelten Mitlaut. **R**

Die Wörter haben alle einen doppelten Selbstlaut. **G**

Trage den Lösungsbuchstaben
auf der Detektivseite ein.

Lösungen

Auf den folgenden Seiten kannst du
die Lösungen der Aufgaben überprüfen.
Alles, was du hierfür brauchst, ist ein
Spiegel.

Seite 3

Sendung, Frau, Untertassen, grün,
gestern, entdeckt, Fernsehen, gesehen,
Männchen, aufgeregt, Himmel

Lösungsbuchstabe: **W**

Seite 5

Fernsehen, Unsinn, Weltraum, Zeichen,
Männchen, Streifen, Lebewesen,
Klassenraum.

Lösungsbuchstabe: **E**

Seite 7

das Monster, **das** Glubschauge,
die Flugbahn, **die** Gefahr, **das** All,
die Raumfahrt, **der** Weltraum, **die** Rakete,
der Vollmond, **die** Erde, **die** Angst

Lösungsbuchstaben: **I** und **I**

Seite 8

Seite 9

Mondfahrt, Weltraum, Milchstraße,
Sternzeichen, Gewitterwolke,
Himmelsrichtung, Regenbogen

Lösungsbuchstabe: **E**

Seite 11

essen, lesen, trinken, denken, lenken,
streiten, schreiben

Lösungsbuchstabe: **L**

Seite 13

Im Fernsehen wurde eine Sendung über
UFOs gezeigt. Am nächsten Tag **unterhalten**
sich die Schüler über fliegende Untertassen
und Aliens. Plötzlich flackert im Klassenzimmer das Licht. Ob die Aliens eine Botschaft
senden?

Lösungsbuchstabe: **Ä**

Seite 14

Seite 15

Die Außerirdischen sind gelandet!
Wer sieht die Aliens?
Das glaub ich jetzt nicht!
Wo ist das UFO?
Hilfe! Wir werden angegriffen!
Wir müssen uns sofort in Sicherheit bringen!
Wo ist Frau Schulte? Und wo ist Frau Meier?

32